G. DOUBLET

UN AMBASSADEUR ARIÉGEOIS

EN ESPAGNE

A LA FIN DU RÈGNE DE LOUIS XIV

1711-1713

Extrait du *Bulletin périodique de la Société Ariégeoise des Sciences,
Lettres et Arts*, Tome IX, 1904.

FOIX
IMPRIMERIE-LIBRAIRIE GADRAT AÎNÉ
Rue de La Bistour

1904

G. DOUBLET

UN AMBASSADEUR ARIÉGEOIS

EN ESPAGNE

A LA FIN DU RÈGNE DE LOUIS XIV

1711-1713

EXTRAIT du *Bulletin périodique de la Société Ariégeoise des Sciences, Lettres et Arts,* Tome IX, 1904.

FOIX

IMPRIMERIE-LIBRAIRIE GADRAT AÎNÉ

Rue de La Bistour

1904

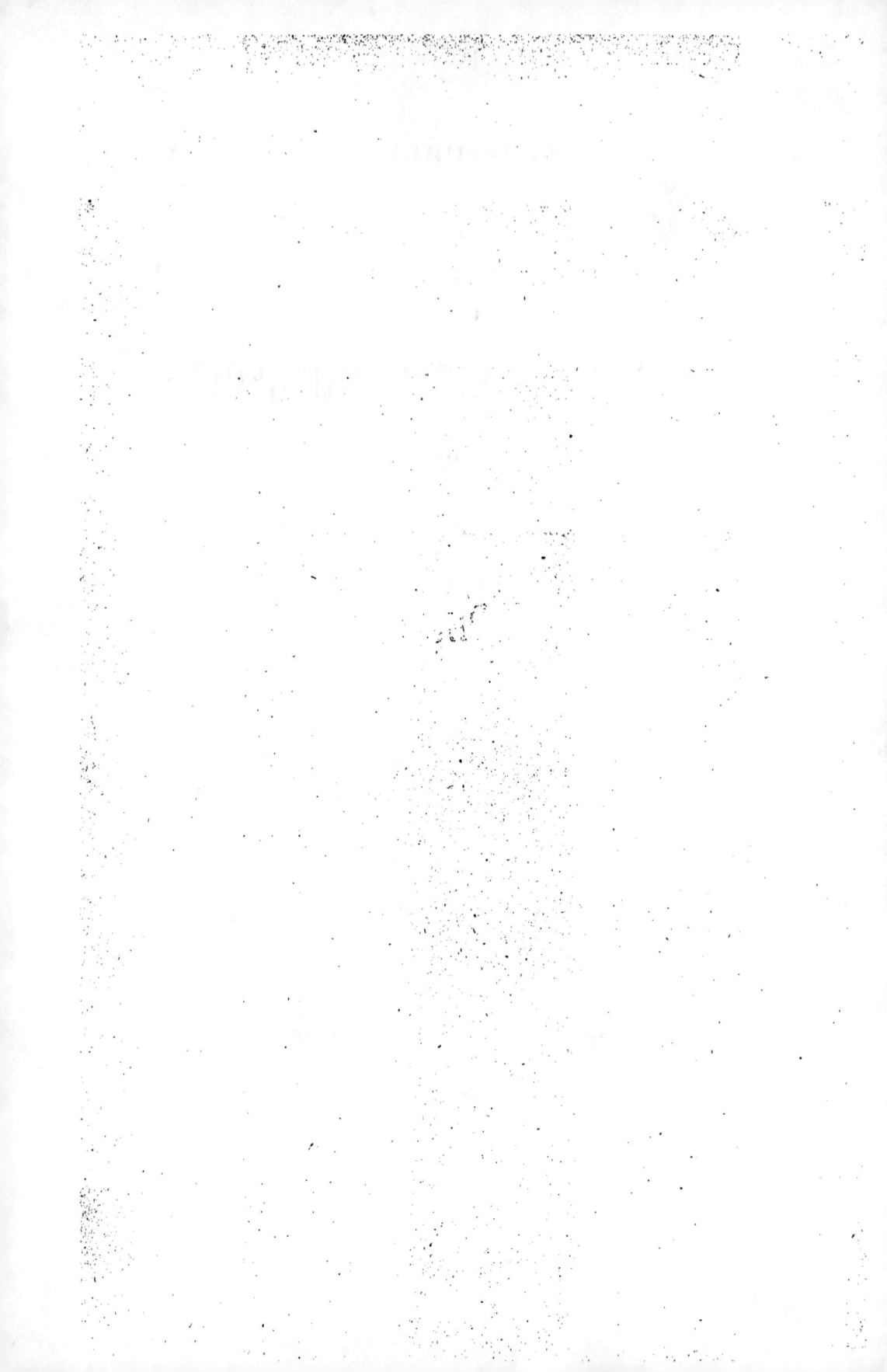

UN AMBASSADEUR ARIÉGEOIS

EN ESPAGNE

A LA FIN DU RÈGNE DE LOUIS XIV (1711-1713)

J'ai déjà parlé (1) de Jean-Louis d'Usson, marquis de Bonnac (1672-1738), des services qu'il rendit dans la diplomatie sous Louis XIV et Louis XV, tout particulièrement des années où il fut ambassadeur près d'Ahmed III (1716-24). Je voudrais exposer ce que fut son rôle auprès de Philippe V d'Espagne, de 1711 à 1716 (2), période qui nous intéresse d'autant plus qu'alors le trône du successeur de Charles II, de l'ancien duc d'Anjou, du petit-fils de Louis XIV, est consolidé par la victoire de Villaviciosa (3), par l'avènement à l'Empire de Charles VI, frère de Joseph Ier (4), par l'idée qu'on a désormais que l'intérêt général veut qu'un Bourbon, et non un nouveau Charles-Quint, ait la couronne d'Espagne, pourvu qu'il ne la réunisse pas à celle de France, par les préliminaires de paix que Torcy et Bolingbroke signent au nom de Louis XIV et d'Anne (5). C'est l'époque où s'ouvre le traité d'Utrecht (6), où des deuils terribles frappent notre vieux roi (7), où son héritage devient réservé à un enfant en bas âge (8), où Villars remporte une victoire qui nous sauva (9), où trois traités

(1) *Bulletin de la Société Ariégeoise des Sciences, Lettres et Arts*, 1894, n° 12, p. 345 à 367. Voir d'autre part l'analyse sommaire du livre de M. Schefer sur l'ambassade de Bonnac à Constantinople dans la *Revue encyclopédique Larousse* de 1895, p. 203, avec fac-simile de la gravure représentant sa réception par Ahmed III, le 31 avril 1717, et de la médaille frappée en souvenir de l'audience que Louis XV accorda, en 1725, à l'ambassadeur turc, Seyd-Mehemmed-Effendi.

(2) Je m'occuperai ultérieurement de la mission qu'il remplit près de Charles XII de Suède et de Stanislas Leczinski de Pologne. Bonnac fut ambassadeur en Suisse de 1727 à 1736 et mourut en 1738. C'est lui qui eut à s'occuper d'un enfant dupé et dévoyé qui venait de se lier avec un soi-disant prélat grec, archimandrite à Jérusalem, qui quêtait pour les réparations du Saint-Sépulcre. Jean-Jacques Rousseau — l'histoire est connue — fut envoyé par Bonnac à Paris avec 100 francs pour son voyage et la perspective d'un emploi modeste qu'il jugea vite au-dessous de son mérite.

(3) 10 décembre 1710.

(4) Celui-ci meurt le 17 avril 1711 ; Charles VI régna jusqu'en 1740 et fut le dernier des Habsbourg de la branche directe.

(5) 8 octobre 1711.

(6) 12 janvier 1712.

(7) Le dauphin meurt le 14 avril 1711 ; la duchesse de Bourgogne, le 12 février 1712 ; le duc, son mari, le 18 ; le duc de Bretagne, leur fils aîné, le 8 mars.

(8) Le duc d'Anjou (depuis Louis XV), né le 15 février 1710, et gravement malade lors de ces deuils successifs.

(9) Denain, 24 juillet 1712.

successifs rompent l'équilibre de l'Europe, détruisent l'œuvre des traités de Westphalie et sont une limitation pour nous (1).

J'ai dit ailleurs que M. le marquis de Courcy (2) et M. Alfred Baudrillart (3) ont mis en lumière, en 1889 et 1890, le rôle que Bonnac eut à jouer à la cour de Madrid ; que plusieurs de ses mémoires sont conservés aux archives du ministère des Affaires Etrangères (4). En 1897, M. Ch. Schefer a publié le mémoire destiné à servir d'instruction à Bonnac, « lieutenant pour le roi au pays de Foix, allant en Espagne en qualité d'envoyé extraordinaire », et daté de 1712 (5). Enfin MM. A. Morel-Fatio et H. Léonardon ont fait paraître en 1898 le tome II, relatif aux années 1701-1722, des *Instructions données aux ambassadeurs français en Espagne* (6) ; leur introduction et leurs annotations nous serviront souvent dans ce qui suit; il va sans dire qu'on retrouve dans cet ouvrage le mémoire que M. Schefer venait de publier en 1897.

En septembre 1701, Louis XIV a accepté le testament de Charles II d'Espagne pour son petit-fils, le duc d'Anjou, déclaré qu'il pourrait succéder à la couronne de France en cas d'extinction de la ligne directe, à son degré, et quoiqu'il fût roi d'Espagne, occupé les Pays-Bas, conclu des alliances avec les électeurs de Bavière et de Cologne (celui de Saxe fut un de ceux qui voulurent rester neutres), le roi de Portugal et le duc de Savoie (7) : par contre c'est le 7 que, à la Haye, Guillaume III (8) signe le traité de « la grande alliance », dirigé contre nous, avec l'Empereur, les Provinces-Unies, les électeurs palatin, de Hanovre et de Brandebourg (9), et les hostilités ont éclaté auparavant en Italie, où nous avons Catinat, Villeroy, Vendôme. En 1702 elles s'ouvrent sur le Rhin ; bientôt la Savoie et le Portugal nous lâcheront; inutile de rappeler les évènements de cette guerre, au cours de

(1) Traité d'Utrecht (11 avril 1713) où Philippe V, reconnu roi d'Espagne et des Indes, céda à l'Angleterre Gibraltar (qu'elle a gardé) et Minorque ; — de Rastadt (6 mars 1714) et de Bade (7 septembre), où Charles VI ne reconnaît pas Philippe V pour roi d'Espagne, et celui-ci garde ses prétentions sur le Milanais, Naples et les Pays-Bas, tous trois garantis (ainsi que le Mantouan et la Sardaigne) à l'Empereur.

(2) Courcy, *Renonciation des Bourbons d'Espagne au trône de France*, Paris, 1889.

(3) Baudrillart, *Philippe V et la Cour de France*, Paris, 1890, tome I. p. 449-540.

(4) Schefer, *Bonnac à Constantinople* (publication faite au nom de la Société d'histoire diplomatique, Paris, Leroux, 1894, p. LXXVI et suiv.)

(5) Id., *Revue d'histoire diplomatique*, 1897, n° 1.

(6) *Recueil des Instructions données aux ambassadeurs de France depuis le traité de Westphalie jusqu'à la Révolution.* Le tome II d'*Espagne* a paru à Paris, chez F. Alcan, en 1898. Le *Recueil* paraît sous les auspices de la commission des archives diplomatiques du ministère des Affaires Etrangères.

(7) Celui-ci maria sa seconde fille à Philippe V.

(8) Il mourut le 12 mars 1702.

(9) Frédéric III venait de se faire couronner roi à Kœnigsberg le 18 janvier.

laquelle Charles XII dit un jour — avant que ses ministres ne fussent circonvenus par Marlborough — que, si les alliés nous prenaient Toulon, il envahirait la Silésie. MM. Morel-Patio et Léonardo, signalent dans leur *Introduction* (1) l'importance des instructions qui furent données à nos ambassadeurs en Espagne pendant les dernières années du règne de Louis XIV. Du jour où le grand Roi accepta le testament de Charles II, n'assumait-il pas « la lourde tàche de défendre son petit-fils, devenu Philippe V, contre la coalition des puissances européennes ? »

Philippe V, disent-ils, avait « du courage militaire et du bon sens politique. Timide à l'excès, sans confiance en lui même, enserré dans les liens de l'étiquette (2), esclave de ses scrupules religieux », il ne possédait pas d'initiative, pas de puissance de travail, pas de volonté. Aussi les ambassadeurs de son grand-père furent d'abord ses premiers ministres et eurent une place prépondérante, du moins durant les premières années du règne du second fils du dauphin Louis (3) et de Marie-Anne de Bavière, dans le conseil ou, comme on dit en espagnol, le *Despacho* (4). Né à Versailles le 19 novembre 1683, celui qu'on avait appelé le duc d'Anjou, avait été proclamé roi d'Espagne le 24 novembre 1700 par les soins du cardinal don Luis-Manuel Fernandez y Porto Carrero, le chef de la régence (5) nommée par le mélancolique

(1) Voir aussi leur *Notice* sur Bonnac (*Recueil*, p. 187 à 190 : l'*Instruction* du roi à son envoyé vient ensuite, p. 191 à 212, puis les *Additions*, p. 212 à 214, et copia le *Mémoire* de Bonnac quittant Madrid pour rentrer (p. 214 à 228).

(2) On a une amusante peinture de ces usages dans la scène II de l'acte II de *Ruy Blas*, joué à la Renaissance le 8 novembre 1838. La seconde femme de Charles II, Marie de Neubourg, ne peut ni sortir ni jouer au lansquenet avec ses femmes sans des formalités compliquées ni inviter Casilda à goûter avec elle ni entendre chanter les lavandières ni regarder à la fenêtre ni nourrir des oiseaux d'Allemagne ni avoir sa cour le jour des Saints Apôtres. La camerera-mayor, duchesse d'Albuquerque, la rappelle sans cesse à l'ordre, de l'étiquette. J'aurai à parler plus d'une fois de ce drame que l'on s'accorde à reconnaître comme l'une des meilleures pièces de V. Hugo, et qui l'est. Toutefois on sait que la documentation en est, quoique réelle, peu rigoureuse. Ainsi le grand poète a tracé le caractère de Marie de Neubourg d'après les *Mémoires de la cour d'Espagne* de Marie-Catherine Jumel de Berneville, comtesse d'Aulnoy, où il est question de Marie-Louise d'Orléans, nièce de Louis XIV, fille de Philippe d'Orléans et de sa première femme, la célèbre Henriette d'Angleterre ; ce fut la première femme de Charles II, M. Morel-Fabio l'a prouvé dans ses *Études sur l'Espagne* (1888-90). Les lecteurs du tom. II du *Victor Hugo* publié par un groupe d'élèves de l'École Normale Supérieure sous la direction de M. Brunetière (Paris, Hachette, 1902), noteront (p. 109) une grave erreur : « Marie-Louise d'Orléans, femme de Philippe V ». Marie de Neubourg mourut à Bayonne en 1740.

(3) Le dauphin Louis mourut à Meudon le 14 avril 1711, et l'on connaît l'admirable page où Saint-Simon, qui était mal avec lui, mais en grande faveur auprès de son fils aîné, le duc de Bourgogne, a peint le tableau de la cour lors de l'agonie du fils de Louis XIV.

(4) Hugo a peint à la scène I de l'acte III de son *Ruy Blas* une délibération du *Despacho*, dont les membres font preuve de tant d'incapacité et de vénalité que l'ex-valet du marquis de Finlas leur adresse la célèbre apostrophe : « Bon appétit, messieurs ! »

(5) Le cardinal Portocarrero qui avait contribué puissamment au choix du duc d'Anjou et avait été — avec Arias, gouverneur du Conseil de Castille, que V. Hugo a mis en scène dans *Ruy Blas* — l'un des conseillers préférés de Philippe V était mort en septembre 1709 à Tolède dont il était archevêque. Il y est enterré au seuil du vestibule de la chapelle *del Sagrario* de la cathédrale. Son épitaphe est : « Hic jacet pulvis, civis et nihil. »

Charles II ; il était arrivé le 18 février 1701 au palais de Buen-Retiro, et avait fait son entrée à Madrid le 21 avril. Jusqu'en 1709 les ambassadeurs que son grand-père envoie près de lui, sont tout puissants.

Mais les jours sombres de 1709 étaient venus et la politique d'abandon a prévalu. Le marquis de Blécourt n'est plus à cette date, disent MM. Morel-Fatio et Léonardon, qu'un envoyé extraordinaire : « il doit regarder, rendre compte, s'effacer, n'entrer pas au *Despacho*, voir nos troupes quitter peu à peu l'Espagne, assister aux humiliations que les conférences de Gertruydenberg imposaient à notre pays, enfin rentrer en 1711 ». La reine d'Espagne, Marie Louise-Gabrielle de Savoie, seconde fille du duc Victor-Amédée II (1), — Philippe V avait épousé, par procureur, à Turin, le 11 septembre 1701, celle que MM. Morel-Fatio et Léonardon nomment « la fine et intelligente princesse » — la reine, écrivit le marquis de Bonnac à Jean-Baptiste Colbert, marquis de Torcy et Sablé, secrétaire d'Etat aux affaires étrangères, le 30 septembre 1711, « interrogeait toujours M. le marquis de Blécourt et l'appelait M. de Rien, parce que, quand elle lui demandait s'il y avait du nouveau, il répondait : *Rien, Madame* » (2). Mais Bonnac ajoutait, ce qui, disent MM. Morel-Fatio et Léonardon, glorifie la droiture du caractère de Blécourt, qu'il désirait passionnément « hériter de l'estime et de la réputation » que ce diplomate, tout effacé qu'il fût, avait acquises en Espagne.

Bonnac rentrait du Nord, au début de 1710, et c'est à Blécourt qu'il succéda. En mai 1711, il fut désigné pour l'ambassade de Madrid. Son envoi, lisons-nous dans l'*Introduction* du *Recueil*, marqua une évolution nouvelle dans les rapports de Louis XIV avec l'Espagne. Bonnac partait « au moment où la ligue ennemie venait de se disloquer par un changement d'orientation dans la politique intérieure de l'Angleterre et par l'avènement de l'archiduc Charles à l'Empire où il s'appelait désormais Charles VI ». Louis XIV prescrivit à Bonnac, qui n'avait d'ailleurs que le titre d'envoyé extraordinaire, un rôle différent de celui que Blécourt avait tenu. « Après les humiliations de 1709 et 1710 », écrivent MM. Morel-Fatio et Léonardon, « la France et l'Espagne voyaient la fortune devenir moins rigoureuse ; les alliés n'étaient plus si étroitement unis contre Versailles et Madrid ; l'Angleterre entrait secrètement en pourparlers ». D'où le programme tracé à Bonnac. Il devait s'assurer que le roi d'Espagne accepterait les conditions que le roi de France stipulerait pour lui, « veiller à ce que

(1) La sœur aînée avait épousé, en 1697, le duc de Bourgogne, petit-fils de Louis XIV, et l'on avait constaté alors que c'était la quinzième alliance directe des maisons de France et de Savoie.

(2) *Correspondance d'Espagne*, tome ccvii, fol. 88.

la volonté hésitante du petit-fils n'empêchât point le grand-père d'entrer dans la voie qu'il voyait enfin s'ouvrir », préparer Philippe V à la résignation, faire en sorte qu'il conservât l'Espagne et les Indes, qu'il sacrifiât le reste, c'est-à-dire qu'il vît la France, « seulement si la partie adverse le réclamait pour la paix, abandonner à l'Angleterre et aux alliés les dépendances continentales ». Bonnac devait, en outre, hâter la cession définitive des Pays-Bas catholiques à l'électeur de Bavière, s'abstenir d'intervenir dans le gouvernement intérieur, étudier le caractère des nouveaux ministres, examiner l'état des affaires, garder de bons rapports avec la fameuse princesse des Ursins, Marie-Anne de la Trimouille, veuve du duc de Braciano. La camerera-mayor avait la surintendance de la maison de la reine Marie-Louise-Gabrielle et, un instant sacrifiée, s'appuyait bien sur son homme de confiance, Orry de Vignory, jadis conseiller-secrétaire de Louis XIV, à qui Philippe V avait confié l'administration des finances espagnoles. Il devait enfin maintenir une intelligence étroite entre la France et l'Espagne sans que celle-ci dépendît de celle-là, ne solliciter pour notre commerce aucun privilège qui pût irriter l'Angleterre et la Hollande, inviter Philippe V à traiter d'une part avec le Portugal, de l'autre avec le Saint-Siège.

Tel est le résumé des instructions qui furent données au noble ariégeois le 5 août 1711 à Fontainebleau (1) et de l'addition qui y est faite le même jour (2). MM. Morel-Fatio et Léonardon y signalent les allusions aux faits de guerre de 1710, à la bataille d'Almenara où Philippe V avait été battu personnellement le 31 juillet, à celles de Monzon et de Saragosse où ses troupes, lui absent, furent vaincues les 13 et 20 août, à la victoire que le duc de Vendôme remporta le 10 décembre sur le comte de Staremberg, aux « triumvirs » qui étaient si passionnés contre nous, Marlborough (3), le prince Eugène, le grand-pensionnaire de Hollande Heinsius.

Il y a encore dans ces instructions de Louis XIV d'intéressants portraits des principaux personnages avec qui le marquis de Bonnac devait se trouver en contact à Madrid. Le roi d'Espagne est dépeint comme « un caractère vrai et plein de droiture ». La reine est jugée « également capable de le conduire conformément à ses intérêts et de l'en détourner ». La princesse des Ursins « paraît jusqu'à présent

---

(1) *Corr. d'Espagne*, tome CCIX, folio 4 à 37. *Recueil* etc..., publié par Morel-Fatio et Léonardon, *Espagne*, tome II (1898), p. 191 à 212. — C'est le document que M. Chr. Schefer avait publié dans la *Revue d'histoire diplomatique* de 1897.

(2) *Recueil*, page 212 à 214.

(3) Le *Malbrough* de la bouffonnerie que certains croient dater de Malplaquet et des grands désastres que lord Churchill nous infligea.

posséder entièrement la confiance des souverains espagnols. Le comte de Frigiliana, vicomte de la Fuente, vice-roi de Valence, général de la flotte de l'Océan en 1683, capitaine général des côtes de la mer océane » en 1687, est regardé à Versailles comme « un des zélés partisans de la maison d'Autriche, un de nos pires ennemis », un homme en qui la princesse des Ursins, toute française qu'elle fût, mettait sa confiance. Le président de Castille est tenu pour « très contraire aux intérêts des Français, mais fidèlement attaché au roi d'Espagne » : il s'appelait don Francisco Ronquillo y Briceno, comte de Gramedo, et était gouverneur de Cadix depuis 1702. Enfin il est fait allusion à trois Napolitains de qui l'on disait qu'ils allaient, de préférence à trois Espagnols, entrer au *Despacho* : l'un d'eux était le cardinal del Giudice, conseiller d'Etat, que Clément XI venait de nommer Grand-Inquisiteur le 2 juin 1711.

Sans doute ce n'est plus le temps de ce Charles II qui, « dans l'histoire comme dans mon drame », lisons-nous à la fin de la préface de *Ruy Blas*, « n'est une figure, mais une ombre » ; l'époque que notre grand poète a voulu dépeindre de manière à ce que, si « l'auteur a voulu remplir *Hernani* du rayonnement d'une aurore », il pût « couvrir *Ruy Blas* des ténèbres d'un crépuscule » ; l'âge où « le soleil de la maison d'Autriche, qui « se lève » dans le drame de 1830, « se coucha » (dans celui de 1838). « Le croquis de la noblesse castillane vers 1695, dont la moitié se résume en don Salluste, l'autre en don César » (1) n'a pas son équivalent, cela va de soi, dans les instructions données à Bonnac.

Elles portent enfin que Louis XIV laisserait, « s'il était necessaire, le Port Mahon (2) et Gibraltar (3) aux Anglais pour la sûreté de leur commerce en Espagne ». Les additions parlent des demandes de l'An-

---

(1) Sur *Ruy Blas*, — dont le manuscrit autographe, déposé à la Bibliothèque Nationale, a été étudié par les frères Glachant dans la *Revue d'histoire littéraire de la France* de 1902 (p. 175 à 216), — lire en particulier Sainte-Beuve, *Lundis* 1, 2, 3, et *Portraits contemporains*, 1, 2, Théophile Gautier, *Histoire du Romantisme* (1874), Souriau, *De la convention dans le drame romantique* (1885', Ernest Dupuy, *V. Hugo, l'homme et le poète* (1887), Biré, *V. Hugo après 1850* (1891). Brunetière, *Revue des Deux-Mondes* du 1er octobre 1893, Dejob, *Revue des Cours et confér.* de 1895-96, Deschamps, *Le Temps* des 18 juillet, 5 et 12 septembre 1897 et *Revue des Cours et confér.* de 1898, Morillot, même *Revue* de 1899-1900, Brunetière, *Revue des Deux-Mondes* du 1er mars 1902 (réimprimé dans la 7e série, publiée en 1903, de ses *Etud. crit.*) ; enfin le chap. XIII (Le théâtre d'Hugo) du *Victor Hugo* publié en 1902 par un groupe d'élèves de l'Ecole Normale sous la direction de M. Brunetière. Je rappelle brièvement que *Ruy Blas* contient beaucoup de défis à la vraisemblance : le laquais devenant ministre et grand d'Espagne, et d'ailleurs si niais, le « ver de terre amoureux d'une étoile », la reine dont le rôle est imprégné de lyrisme, don César lyrique et bouffon etc ..

(2) Pris en 1708.

(3) Pris dès 1704.

gleterre apportées en France par Matthew Prior (1), ainsi que de Mesnager que Louis XIV avait envoyé à Londres.

Le marquis de Bonnac arrive le 2 septembre 1711 à Corella, petite ville de Navarre, où la cour se trouvait. Il entame la négociation des concessions à faire à l'Angleterre, obtient la cession en principe de Gibraltar et de Port Mahon ainsi que la participation momentanée des Anglais au privilège de l'*asiento*, terme espagnol qui désignait l'importation des nègres dans l'Amérique espagnole.

Le reste de sa mission ne fut, disent MM. Morel-Fatio et Léonardo, « qu'une longue lutte pour arracher lentement à Philippe V son consentement aux sacrifices que son aïeul lui impose l'un après l'autre. »

Mais de graves nouvelles parviennent de Versailles à Madrid. Le dauphin Louis était mort le 14 avril 1711, avant le départ de Bonnac. Le 18 février 1712 son fils aîné, le duc de Bourgogne, qui était devenu dauphin depuis moins de dix mois, meurt, le 12 était morte la duchesse, et le 11 mars mourut le duc de Bretagne, fils aîné du duc de Bourgogne et dauphin depuis un mois. Reste le second fils, le duc d'Anjou, qui a deux ans, le futur Louis XV. L'Angleterre exige soit que Philippe V renonce, de deux choses l'une, ou immédiatement à la couronne d'Espagne, ou pour l'avenir à celle de France dans le cas où elle viendrait à lui échoir par droit de succession, soit que Philippe V, reconnu habile à succéder au trône de France, reçoive la Savoie, le Piémont, le Montferrat, Nice et la Sicile et soit reconnu habile à les conserver (moins la Sicile) le cas échéant, et que le duc de Savoie, qui aurait cédé ces états, devînt roi d'Espagne. Bonnac presse Philippe V de se décider en présence de telles insistances. Le 29 mai 1712 le roi d'Espagne garde son trône selon les conditions que les Anglais lui imposaient et s'attache définitivement à la nation espagnole qu'il avait d'abord méprisée ; il annonce le 8 juillet qu'il renonce au trône de France et convoque les Cortès ; le 17 il signe un armistice avec les Anglo Hollandais ; le 5 novembre la déclaration de sa renonciation est lue aux Cortès ; le 9 elle est enregistrée en présence du comte de Lexington, venu d'Angleterre tout exprès pour cet acte important.

Le 11 avril 1713 la France signe la paix à Utrecht avec l'Angleterre, les Provinces-Unies, le Portugal et la Savoie ; Philippe ne signa que

(1) Poète, admirateur d'Horace, et aussi diplomate. On lui a élevé à Westminster un monument surmonté de son buste par Coysevox, présent de Louis XIV. L'un des plénipotentiaires qui signèrent la paix d'Utrecht, il est cité pour d'autres raisons par l'auteur de certain *Avis sur les occupations de l'Académie* qu'on a longtemps attribué à Fénelon, comme un premier essai de sa *Lettre à l'Académie*, et que M. l'abbé Urbain rapporte plutôt à Valincour, successeur de Racine (*Revue d'histoire littéraire de la France*, 1899, et édition classique Hachette de la *Lettre a l'Académie* par Albert Cahen) « M. Prior », y est-il dit, « dont l'esprit et les lumières sont connues de tout le monde, est peut-être de tous les étrangers celui qui a le mieux étudié notre langue ».

le 10 juillet avec l'Angleterre, le 13 août avec la Savoie et seulement en 1714, le 20 juin, avec les Provinces-Unies. Ainsi, disent MM. Morel-Fatio et Léonardon, le marquis de Bonnac avait amené le petit-fils de Louis XIV à condescendre aux volontés de son aïeul ; sa mission était terminée et, quoique fatigué, il demandait le poste de Constantinople. Il y fut nommé en juin 1713, eut le 6 novembre son audience de congé, et le lendemain quitta Madrid ; la reine Marie-Louise-Gabrielle, déjà frappée du mal dont elle devait mourir le 14 février 1714, reçut au lit l'ambassadeur qui allait partir.

En août 1713 Bonnac avait envoyé à Torcy un *Mémoire*, « destiné à éclairer », disait-il, « le marquis de Brancas, son successeur, sur les principaux personnages de la cour d'Espagne. » MM. Morel-Fatio et Léonardon l'ont publié (1).

Analysons ce *Mémoire* : en face du saisissant drame de Victor Hugo, dont la beauté de la forme, l'ampleur et la fougue du lyrisme, la puissance des inventions dramatiques n'aboutissent pas à faire un tableau d'histoire, une peinture de ce qu'étaient la cour d'Espagne, la reine Marie de Neubourg (2), le *Despacho* sous Charles II (3).

> .... ..Plein de deuil et d'effroi,
> Seul, dans l'Escurial, avec les morts qu'il foule,
> Courbant son front pensif sur qui l'empire croule,

cette œuvre du diplomate ariégeois, mérite d'être placée. Voici le tableau d'histoire que n'offrait pas aux auditeurs, le 8 novembre 1838, dans la salle de la Renaissance, le drame chimérique de toutes manières dont le titre est le nom d'un personnage dont les sentiments sont aussi peu vraisemblables que sa conduite, lorsque de laquais il est devenu premier ministre, est peu logique.

Bonnac nous introduit d'abord, comme Hugo à l'acte III de son *Ruy*

---

(1) *Recueil* etc... p 214 à 228.
Le 28 août 1713, à Marly, puis le 24 septembre à Fontainebleau, Louis XIV envoya à Brancas des instructions ; Torcy lui en adressa le 9 octobre de Fontainebleau ; le roi lui en fit parvenir enfin de Versailles le 19 ; nous avons dit que Bonnac eut son audience de congé le 6 novembre et qu'il quitta Madrid dès le lendemain.

(2) Veuf en février 1689, de la nièce de Louis XIV, que Charles II avait épousée en 79, le roi d'Espagne s'était remarié dès 90 à la fille du duc de Neubourg, électeur palatin, « la lumineuse et pure créature, malheureuse comme femme et comme reine », — dit Hugo — qui survécut jusqu'en juillet 1740.

(3) Le roi « possédé, — el hechizado », comme disent les historiens espagnols — était mort le 1ᵉʳ novembre 1700. C'est le fantôme de roi, vis-à-vis de qui V. Hugo se plut à faire ressortir le souvenir de Charles-Quint, qu'il avait, huit ans avant son *Ruy Blas*, peint dans son *Hernani* comme un personnage dépourvu de scrupules, libertin, cynique, brutal, et plus tard l'image de Philippe II, évoquée dans la *Légende des Siècles* (« La rose de l'infante »), et celle de Ferdinand le Catholique, présentée dans son *Torquemada*. Le Charles II de Hugo est un sombre maniaque, à cause de l'esprit de révolte qui souffle dans tout le théâtre de notre grand poète.

Blas, dans la « salle du gouvernement » du palais du roi. Ainsi que le poéte nous fait voir une table carrée, revêtue d'un tapis de velours vert, des tabourets, des pupitres, le grand fauteuil recouvert de drap d'or et surmonté d'un dais en drap d'or aux armes d'Espagne timbrées de la couronne royale, la junte du *Despacho universal..,* les conseillers de robe vêtus les uns de noir, les autres de leurs habits de cour, les conseillers de cape et d'épée de la *Contaduria mayor,* celui-ci la croix de l'ordre militaire de Calatrava sur le manteau, celui-là le collier de la Toison d'Or au cou (1), de même l'ambassadeur de Louis XIV nous parle des courtisans.

En premier lieu de la princesse des Ursins : « tant qu'elle sera ici, il n'y aura qu'une méthode pour manier les affaires : s'adresser à elle et gagner sa confiance ». Orry est capable de lui expliquer ce qu'elle ne connaît pas par elle-même. Bonnac distingue trois sortes de courtisans. D'une part les Espagnols. Deux seulement lui semblent attachés à la cour, et seuls y ont accès. L'un est le duc de Veragua, jadis marquis de la Jamaïque, vice-roi de Navarre depuis 1712 : « égoïste et avare, il a d'ailleurs de l'esprit et des connaissances. » L'autre est don Alonzo Manrique de Lara : « il est de toutes les parties de chasse, de mail et de promenade, mais ne se mêle de rien ». D'autre part les Italiens. L'un est le huitième duc de Popoli, prince de Pettarano ; Louis XIV l'avait nommé en juin 1701 chevalier de ses ordres, mais le cordon ne lui était pas encore remis du temps de Bonnac, et c'est seulement en 1717 qu'il lui fut donné ; il était commandant en Catalogne, « ce qui est pour lui », écrit notre diplomate, « une crise qui augmentera sa faveur ou l'affaiblira. » Un autre est le marquis de Crèvecœur, Ferrero de Fiesque : il avait été fait maréchal-de-camp sur le champ de bataille de Villaviciosa. Un troisième est Antoine del Giudice, duc de Giovenazzo, prince de Cellamare : « il met tout en usage pour se rendre agréable et nécessaire », et l'on sait quel rôle il joua à Paris, Versailles et Sceaux, lorsque ce Napolitain, nommé ambassadeur de Philippe V auprès de la cour de France en 1715, prit part à la conjuration dirigée par le duc et la duchesse du Maine et organisée pour que la régence fût confiée au roi d'Espagne (2). La troisième catégorie

---

(1) C'est dans ce décor évocateur que paraît, en habit de gala, vêtement de velours noir, manteau de velours écarlate, plume blanche au chapeau, la Toison d'Or au cou, le chimérique Ruy Blas qui au 1er acte portait la livrée de son maître, un justaucorps et un haut-de-chausses bruns, un surtout galonné rouge et or ; et qu'il fait les comptes du budget espagnol.

(2) Si Cellamare fut reconduit sous escorte à la frontière par les soins de Dubois, Philippe V le nomma capitaine-général de la Vieille-Castille. D'autre part la France engagea la guerre contre l'Espagne.

des courtisans comprend les Flamands, sur qui Bonnac ne dit rien qui soit à noter, un Irlandais, le chevalier du Bourg, Toby Bourke, « qui est en possession de donner des avis et de dire son sentiment sur tout », et deux Français dont leur compatriote, au moment de quitter Madrid, se plaisait à écrire qu'ils étaient « dans une considération marquée ». L'un est le marquis de Caylus, lieutenant-général depuis 1709..., généralement estimé dans cette cour... » L'autre, un Jésuite, le confesseur du roi, le P. Robinet.

Après les portraits des courtisans principaux, voici ceux des membres du *Despacho*. « On ne rapporte dans le conseil quotidien », dit Bonnac, « que des affaires peu importantes... On a à essuyer des longueurs dans les affaires qu'on traite en Espagne... Il est composé de gens entièrement opposés à la France ». Citons quelques-uns de nos plus ardents adversaires. L'un est le président de Castille (1) : Bonnac le dépeint « rude, farouche, entêté, peu capable d'un poste si considérable, désagréable à la reine » (2). Un autre est le président du conseil des Indes, le comte de Frigiliana (3) : il fait de lui « un vieux courtisan rempli d'esprit et d'adresse »... Un autre est le duc de Medina-Sidonia : Bonnac le juge « vieux et peu habitué aux affaires ». Un autre est le marquis de Bedmar, ministre de la guerre et président du conseil des ordres : il estime que celui-ci « garde plus de ménagement que les autres avec les Français ». Un autre est le comte de Bergheick : « il est absolument éloigné des affaires ». Peu de chose à relever dans ce que Bonnac dit des secrétaires d'Etat, celui des affaires étrangères, le marquis de Mejorada, et celui de la guerre et des Finances, don Joseph de Grimaldo.

Passons aux conseillers d'Etat. « Leurs places ont ce qu'il y a », écrit Bonnac, « de plus honorable dans cette cour ». Le portrait du Grand Inquisiteur mérite une mention particulière : « il a de l'esprit, du savoir et un grand usage du monde » ; en outre, c'était un del Giudice, donc un parent de Cellamare. Le comte de San Istevan est « un vieux seigneur, majordome major de la reine » (1). Le duc de Giovenazzo a pour fils Cellamare. Je ne dis rien des membres des autres conseils.

Tel est l'intérêt de ce *Mémoire* que Bonnac, avant de quitter Madrid, envoya à Torcy, en août 1713, quatre mois après que la France avait

(1) Voir don Manuel Arias dans l'acte III de *Ruy Blas*.

(2) Quelque chose du don Guritan, comte d'Onabe, que l'on voit au II° acte de *Ruy-Blas*, « grand, sec, exagéré dans son élégance, des rubans jusque sur les souliers, la mine d'un vieux militaire, les moustaches grises, — le pauvre héron, comme dit Casilda, ... un vieux comte amoureux rêvant sur une patte au bord de ce marais à l'eau dormante et plate ».

(3) Voir don Montazgo, « conseiller de robe de la Chambre des Indes », chez V. Hugo.

signé le traité d'Utrecht, et pour l'instruction du marquis de Brancas, qui allait le remplacer auprès du petit-fils de Louis XIV. Comme Blécourt, qui l'avait précédé, Brancas, qui lui succéda, eut le pénible devoir, que Bonnac avait connu aussi, de demander à Philippe V de consentir à d'inévitables mutilations de la monarchie espagnole. J'ai dit ailleurs que Bonnac avait désiré, en revenant de Madrid, l'ambassade de Constantinople et que Torcy l'avait sollicitée pour lui ; que, Louis XIV mort, le maréchal d'Huxelles proposa au Conseil de régence, en octobre 1715, de l'inviter à renoncer à ce poste près du sultan Ahmed III et à accepter celui de Berlin, près de Frédéric-Guillaume Ier, roi de Prusse depuis février 1713 ; qu'en décembre 1715, Bonnac épousa une fille du marquis de Biron, alors premier gentilhomme du Régent, plus tard maréchal de France ; qu'en mai 1716, il reçut l'ordre de partir pour la Turquie ; qu'en août il quitta Toulon ; qu'en octobre, il était rendu à son poste ; que le 12 janvier 1717, il arriva par terre à Andrinople où se trouvait le sultan Ahmed, que le 13 avril il fut reçu par celui-ci ; que Louis XV lui donna un successeur par une dépêche du 31 octobre 1723, et que Bonnac eut, le 3 novembre 1724, son audience du Grand-Seigneur.

Pendant ces années, sa pensée se reporta-t-elle vers Madrid ? suivit-il de loin les actes de son successeur immédiat, le marquis de Brancas ? puis, et de plus en plus loin, ceux des autres représentants de la France, le duc de Saint-Aignan qui fut en fonctions de 1714 à 1718, le marquis de Nancré, le chevalier de Marcieu en 1720, le marquis de Maulévrier qui occupa le poste jusqu'en 1723, et le fameux duc de Saint-Simon dont la mission en 1720 et 1721 n'offrait d'ailleurs aucun intérêt politique ? se préoccupa-t-il des circonstances dans lesquelles Philippe V devint presque fou, se remaria à l'ambitieuse Elisabeth de Parme, lui laissa l'autorité ainsi qu'au cardinal de Saint-Chrysogone, le Parmesan Giulio Albéroni ? que pensa-t-il de la triple alliance signée le 4 janvier 1717, tandis qu'il faisait route de Constantinople à Andrinople pour saluer Ahmed III, qui ne daigna le recevoir qu'en avril — entre la France, l'Angleterre et la Hollande, l'ignominieuse alliance qui nous enlevait l'Espagne et laissait sa puissance coloniale à la merci de Londres ? Ce qui est sûr, c'est que les années qu'il passa à Constantinople forment, comme je l'ai dit d'après M. Schefer, la période la plus brillante de sa vie. Celles qu'il avait passées à Madrid présentent moins d'éclat. Encore n'était-il pas inutile d'en dire un mot et de mieux indiquer à nos lecteurs les services rendus à Louis XIV et à son petit-fils Philippe V par un des hommes les plus distingués qu'ait produits la curieuse contrée distincte du Comté de Foix proprement dit et d'ailleurs appartenant à la couronne comtale de Foix, située dans la haute vallée de l'Aude et relevant de la Cerdagne, enfin relativement autonome avant la Révolution française, « la terre souveraine de Donezan » où se dressaient les deux châteaux, dont Bonnac était intitulé gouverneur, Quérigut et Usson.

Si la mission qu'il avait eue près de Philippe V fut difficile, par suite du mécontentement que les conférences de Gertruydenberg causèrent aux Espagnols, s'il était malaisé d'engager leur roi, français d'origine, à entrer dans les négociations de la paix alors entamée avec l'Angleterre, les ouvrages qui en ont parlé et que nous avons consultés proclament hautement que Bonnac eut en Espagne un succès complet. Mais il n'y passa que deux années, et à Constantinople c'est durant huit ans qu'il servit l'arrière-petit-fils du grand roi qu'il avait, aux heures les plus sombres du soir de sa vie, représenté dans la capitale du royaume pour qui, suivant le mot attribué à Louis XIV, il n'y avait plus de Pyrénées.

Nice, mars 1904.

Foix. — Imprimerie Gadrat aîné. 3810.